LES
FEES DES FORESTS
DE S[T] GERMAIN.
Ballet.

DANSE PAR LE ROY EN LA SALLE du Louure le 11. iour de Feurier 1625.

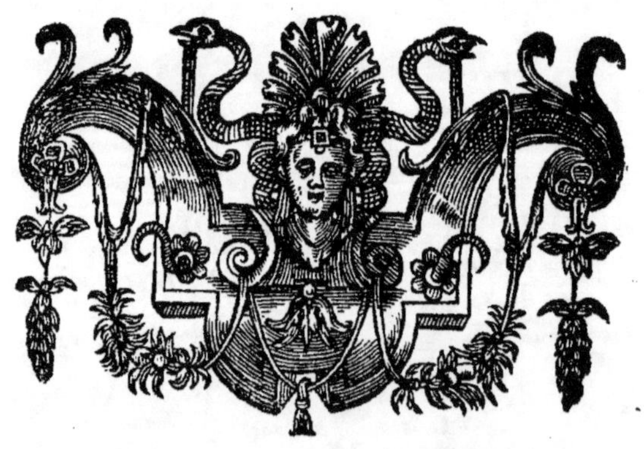

A PARIS,

Par IEAN SARA, ruë S. Iean de Beauuais, deuant les Escoles de Decret.

M. DC. XXV.

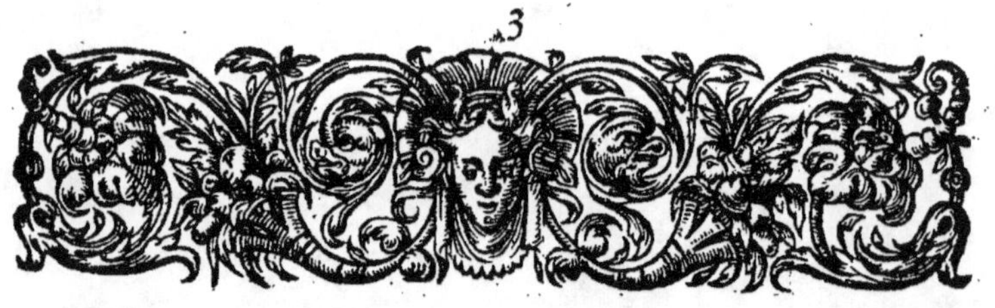

PREMIER BALLET.

RECIT.

Guillemine la Quinteuse Fée de la Musique, representée par le Sieur Marais.

AVX DAMES.

VN concert bien melodieux
N'est pas ce que i'aime le mieux,
Ny le poinct d'honneur qui me pique:
Les beaux chants c'est dont ie me ris,
Et n'ayme rien que la Musique
Qui ressemble aux Chariuaris.
Aussi par mon enchantement
Des Chantres vestus plaisamment
Animeront des cors de chasse,
Et forgeront de si beaux pas
Qu'il en naistra quelque grimace
En vos visages pleins d'appas.
Que si leurs accors sans accord,
Par vn trop violent effort
A vos oreilles font la guerre,
Au moins plairay-je à vos regars,
Puis que ie mettray la guiterre
Entre les mains d'vn ieune Mars.

AVTRE RECIT ACCOMMODE' A l'air qui a precedé les paroles.

Les Musiciens de Campagne.

AMour rauy de vos attraits si chers aux Dieux
A guidé nos pas pour voir vos beaux yeux,
Et pour ranger dessous vos loix
Nos luths & nos voix.
Que le Ciel n'en soit ialoux,
Nos cœurs sont à vous.
Le feu qui sort de vos regards est si puissant
Que la nuict soudain va disparoissant,
Et n'est besoin que le Soleil
Haste son réueil,
Ce beau lieu reçoit le iour
Des rayons d'Amour.

LES CHACONISTES ESPAGNOLS TANT Caualliers que Dames, qui ont dansé selon l'ordre cy apres.

Monsieur le Duc d'Aluyn.

A Quoy ne me reduit le tourment que i'endure
Puis qu'en habit de femme, Amour, ie te cõiure
De fléchir la Beauté qui me donne la mort?
Ie luy ferois bonne guerre,
Si ie la trouuois d'accord
Aussi bien que ma guiterre.

Mon-

Monſieur de Bleinuille.

MON deſſein, ô ieune merueille,
Eſtoit de charmer ton oreille,
Afin de fléchir ton orgueil:
Mais que mon cœur aura de bréches!
Car ie voy bien que ton bel œil
Me veut tuer à coups de fléches.

Monſieur le Marquis de Mortemar.

QVE me ſert cét habit dont ie trompe vn ialoux,
Puis que le bien chanter & ces accords plus doux
N'ont charme ſi puiſſant qui ne me ſoit funeſte?
Celle dont i'obſerue les loix
Exerce ma main & ma voix,
Et cruelle qu'elle eſt ne ſe ſert point du reſte.

Monſieur de la Rocheguyon.

AMANT Eſpagnoliſé,
Ie ſuis tout déualiſé,
Cloris m'oſte l'eſperance:
O que ſon cœur eſt cruel!
I'aurois preſque l'aſſeurance
De l'appeller en duel.

Monſieur le Duc de Nemours.

DE Mars des fleurs de Lis, Roy de mes volontez,
Anime mon courage, ainſi que ma guiterre,
Sçachez donc que ie ſuis, ô Diuines Beautez,
Eſpagnolle au Ballet, & François à la guerre.

LE ROY.

O Merueilles des Cieux, ie lis en vos regars
Qu'Amour eſt tout rauy du ſon de ma Guiterre,
Mais i'eſpere monſtrer aux deux bouts de la Terre,
Que i'ay des tõs plus forts pour charmer le Dieu Mars.

Monſieur le Grand Prieur.

LE cœur gros de ſouſpirs, et les yeux pleins de larmes
Ie m'eſtois déguiſé, croyant tromper les charmes
De tes diuins regars, qui font la guerre aux Dieux:
Mais helas! chere Syluie,
Ie perds dedans tes beaux yeux
Ce qui me reſtoit de vie.

SECOND BALLET.

RECIT.

Gillette la Hazardeuze Fée des Ioueurs, repreſentée par Monſieur de Chalez.

LES Joüeurs ſouſmis à mes loix
Ont vn agreable caprice,
Les os ne leur tombent des doigts,
Vn tourniquet eſt l'exercice,
Où des Lacquais & des Bertrans
Pour des ſoufflets vont follaſtrans.
Ils ſont ſuiuis d'Eſprits follets,
Qui bandez à forcer la balle,
Font voir qu'Eole & ſes vallets
N'ont viſteſſe qui les eſgalle,
Et qu'en ſouppleſſe & ſoubreſauts
Les ſinges ne ſont que des ſots.
Vn regnard marche pas à pas,
Et ne voit poulles qu'il n'emporte.
Mais, ô Beautez pleines d'appas,
N'en riez que de bonne ſorte,
Pour vous mettre en pareil hazard
Amour eſt aſſez fin regnard.

LES LACQVAIS.

Monsieur le Marquis de Mortemar.

LA Gloire accompagne mes pas,
Bien que Lacquais ie ne suis pas
De ceux qu'vn Escuyer estrille:
Mon Maistre est mon vallet par fois:
S'il me faict porter la mandille,
Moy ie luy fay porter du bois.

Monsieur le Commandeur de Souuray.

CRuelle ambition, laisse-moy viure en paix,
Et iamais plus ne m'importune,
N'ay-je pas assez de fortune,
Puisque ie suis Roy des Lacquais?

Vn Esprit follet ioüeur de balle forcée, representé par Monsieur de Liancourt.

MYrtes, couronnez-moy,
Que si ie ne suis Roy
De l'amoureux Empire,
Au moins suis-je à la Cour,
Esprit pour le bien-dire,
Et Follet pour l'Amour.

TROISIESME BALLET.

RECIT.

Iacqueline l'Entenduë Fée des Estropiez de ceruelle, representée par Monsieur de Liancourt.

IL n'est si fameux Empirique,
S'il affronte mon art magique,
Qui ne reçoiue vn pié de nez:
Le chef-d'œuure que ie projette,
Gist en la caballe secrette
De guerir les embabouinez.

Ils ont l'œil creux, le corps ectique,
Le poil & l'habit à l'antique,
Qui les font remarquer de loing:
La vanité leur sert de guide,
Et de meubler leur chambre vuide
Les Chimeres ont vn grand soing.

Pressez de leurs humeurs bourruës
Tout le iour ils courent les ruës,
Et toute nuict ont l'œil ouuert:
Moy, pour esgayer leur folie,
I'ordonne à leur melancolie
De se couurir d'vn bonnet vert.

Parmy tant de rares penſées
Qui ſont diuerſement bleſſées
Les fantaſques me gaſtent tout,
Leurs fougues ne ſont point communes,
Et les demy-foux ont des Lunes,
Dont ie ne puis venir à bout.

Et quant à vous, Eſperlucates,
Vos complexions délicates
Veulent vn traictement fort doux:
Mais en voſtre mal qui m'eſtonne,
Tout le remede que i'ordonne
C'eſt que ie m'en rapporte à vous.

Vn Embaboüiné repreſenté par Monſieur de Chalez.

ESprits adjuſtez comme il faut,
Ie reconnois bien mon defaut
Et les caprices dont i'abonde:
Mais puis que le party des foux
Eſt le plus grand qui ſoit au monde,
Ie veux en eſtre comme vous.

Les Demy-foux qui ont danſé, ſelon l'ordre cy apres.

Monſieur Frere du Roy.

SI i'ay le ſens troublé, ce n'eſt qu'en apparance,
Amour & le Dieu Mars partagent mes deſirs,
Qui ſont ſi bien reiglez, que mes plus chers plaiſirs
Sont d'adorer Caliſte, & de ſeruir la France.

Monsieur le Duc d'Elbeuf.

CE n'est donc point assez d'auoir perdu mon cœur,
Esclaue du bel œil qu'Amour fit mō vainqueur,
Il faut que la raison me soit aussi rauie.
O Dieux! qui vit iamais de si diuins appas?
C'est n'auoir point d'esprit de ne le perdre pas
Pour l'amour de Syluie.

Monsieur le Grand Prieur.

SI t'aymer est vn crime indigne de pitié,
Au moins pour le respect de ma longue amitié,
Donne à mes passions vne fin moins tragique.
Ce que tu crois des pleurs, (ô merueille des Cieux,)
Helas! c'est mon cerueau que l'Amour alambique,
Et faict à tout moment distiller par mes yeux.

Monsieur le Commandeur de Souuray.

LE mal qui donne peu de tréues
A mes sens d'amour transportez,
Ne vient pas de la fleur des féues,
Mais bien de la fleur des beautez.

Les Fantasques, qui ont dansé selon l'ordre cy apres.

Monsieur le Comte de Soissons.

LE caprice & l'orgueil n'ont part en mes amours,
Vne Beauté me rẽd plus humble que les herbes :
Et quant aux Caualiers mon humeur est tousiours
Facile aux complaisans, et fantasque aux superbes.

Monsieur

BIEN qu'agité d'vn grand orage,
Ie sois menacé du naufrage,
Qu'ont les desseins ambitieux,
Feux iumeaux, cachez vostre flâme,
Il ne me faut que deux beaux yeux
Pour calmer les flots de mon ame.

Monsieur le Duc d'Aluyn.

PVIS que chery d'vne Diuinité,
Je feins icy que sa rigueur m'affolle,
Ieunes Amans remplis de vanité,
Pour la quitter venez à mon escole.

Monsieur de Bleinuille.

BIen que l'humeur fãtasque aux fougues me cõuie,
Toutesfois quand l'Amour guide mes volontez
La Lune ne tient pas ma raison asseruie,
Cet hõneur n'appartient qu'au Soleil des Beautez.

QVA-

QVATRIESME BALLET.

RECIT.

Alizon la Hargneuse Fée des vaillans Combattans, representée par le sieur Delfin.

MES combattans que Mars ne sçauroit égaller
D'exploicts & de gloire sont riches,
Leurs coups font aux cõbats bras & testes voller,
Il est vray qu'elles sont postiches.

Les plus fiers Rodomons pressez de leur valeur
Sentent leurs forces dißipées:
Que ne feroiẽt-ils point, n'estoit que par malheur
C'est de bois que sont leurs espées?

Leurs soldats sont docteurs, qui bruslent du desir
D'auoir en teste des Hercules:
Courir, et rõpre en lice est leur plus grãd plaisir,
Mais ils sont montez sur des mules.

Finissons ces combats faicts pour le passetemps,
Il me reste vn poinct à vous dire,
C'est que les Ennemis du Chef des Combattans
Auront plus à pleurer qu'à rire.

Les vaillans Combattans qui dansent selon l'ordre cy apres.

Monsieur de la Rocheguyon.

NE presume, Tenant, demeurer mon vainqueur,
Mon courage suffit à conseruer ma vie,
Et pour la garantir n'ay-je pas dans le cœur
Graué des mains d'Amour le pourtraict de Syluie?

LE ROY.

GRãce, qui dãs les mains me vois des armes peintes,
Dõt les exploits ne sont que des jeux & des feintes,
Ne croy que ie m'en serue auecque passion:
Pour moy tous passetems ont vn charme inutile,
Amour fera bien tost place à l'ambition,
Et l'Ennemy sçaura que ie suis vn Achille.

Monsieur de Liancourt.

QVE ie hay cette espée
Dont ma dextre occupée
Rauit toute la Cour,
Les armes naturelles
Sont plus propres, Amour,
Pour vuider mes querelles.

Monsieur le General des Galeres.

GVerrier armé de courroux,
Qui pour me percer de coups
Fais vn effort admirable,
Apprens à ton vain orgueil,
Que ie ſuis inuulnerable,
Horſmis aux traicts d'vn bel œil.

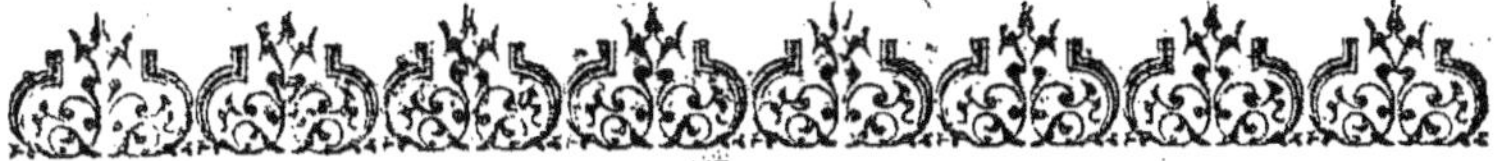

CINQVIESME ET DERNIER Ballet, qui est suiuy de la Conclusion.

RECIT.

Macette la Cabriolleuze Fée de la Danse, representée par le Sieur de Poyenne.

QV'ON ne me rompe les oreilles
De ces fabuleuses merueilles
Qu'vne lyre fit aux vieux temps;
Ie me vante que mes trophées
Feront tenir pour charlatans
Les Amphions & les Orphées.

Rien n'est si diuin que ma gaule,
Sa vertu que le Ciel espaule
Me donne cent mille suiuans,
Et faict, tant le monde radotte,
Passer pour des hommes viuans
Des bilboquets que i'escamotte.

Ie m'abuse, ô merueille estrange!
Leur forme premiere se change
Et dansent comme Demy-dieux.
Beautez dont la France est regie,
Ie dois aux charmes de vos yeux
Ce dernier effect de Magie.

FIN.

www.ingramcontent.com/pod-product-compliance
Lightning Source LLC
LaVergne TN
LVHW020640110826
845149LV00004B/1297

* 9 7 8 2 0 1 9 5 5 2 2 0 6 *